DISCOURS

D'ÉMILE OLLIVIER

au Banquet de Saint-Tropez

(Le 20 Septembre 1885.)

Prix : 10 centimes

FRÉJUS
Imprimerie V. Chailan, rue Nationale, 46.

1885

DISCOURS
D'ÉMILE OLLIVIER

Au Banquet de Saint-Tropez

(Le 20 Septembre 1885.)

Mes chers Concitoyens,

Cet admirable pays, aux aspects si variés, si délicieux, si grands, le plus beau qu'on puisse contempler sur les rives enchantées de notre Mediterranée, n'a d'abord été pour moi que le lieu paisible du repos dans le travail. Il est devenu bientôt, hélas ! la terre consacrée qui garde les morts bien aimés, en attendant l'heure, déjà prochaine, où je viendrai reposer à leur côté. Aussi tout témoignage dé sympathie venu de vous m'est-il particulièrement cher. Je vous remercie de celui que vous me donnez. Je vous remercie d'avoir choisi, pour exprimer vos sentiments, l'homme distingué, honneur et lumière de votre cité, le juge consulaire qui rend la justice avec tant de dévouement et d'intelligence, l'ami fidèle et loyal que j'ai toujours trouvé le même au milieu des accidents favorables ou contraires de mon existence agitée (1).

Vous désirez que je vous exprime mon opinion sur les éventualités prochaines.

La lutte politique ressemble à un combat de nuit où l'on frappe au hasard, sans savoir qui on atteint, et lorsque le jour se lève sur le champ de bataille, on est désolé souvent des coups qu'on a portés. Mais s'il est difficile de frapper juste dans le présent, qui peut pénétrer le secret de demain? Lorsqu'on a tout pesé, tout interrogé, tout prévu, entre soudain sur la scène le personnage mystérieux et redoutable toujours caché au fond des événements, l'Imprévu! C'est un homme qui meurt inopinément, c'est un autre dont les facultés s'affaissent, c'est un général qui ordonne mal à propos une retraite ou qui perd une bataille, et voilà tout au hasard, et la sagesse la plus sage confondue. Le calcul politique est le plus incertain des calculs de probabilité : permettez-moi donc de n'en point essayer et de ne me prononcer que sur l'événement électoral qui se déroule sous nos yeux.

Cela même n'est pas aisé. Les hommes engagés dans le feu des partis ont pour se guider une règle fort simple : Tout ce qui vient de leurs amis est

(1) M. Bruno Lignon, président du tribunal de commerce.

parfait, tout ce qui est de leurs adversaires est détestable. Je n'ai jamais pu me plier à cette méthode qui met la conscience au large. Même de la part de mes amis le mal me choque, et je ne puis méconnaître le bien même chez mes adversaires. Gênante disposition d'esprit pour un homme politique, mais non sans avantage pour qui ne vise qu'à être un juge impartial !

Trois partis se disputent les suffrages populaires : les Opportunistes, les Radicaux, les Conservateurs.

Le programme de 1869 est sans cesse invoqué à propos des Opportunistes. J'en puis parler avec quelque connaissance, car c'est contre moi qu'il a été rédigé. On a tort d'y attacher tant d'importance. C'était une gaminerie conçue au café Procope, entre deux chopes, par des jeunes gens spirituels ou éloquents, mais dépourvus de sérieux, et qui ne cherchaient qu'à sortir de leur bohème par quelque coup d'éclat.

« Mais votre Charte est celle de la déraison ; elle n'a pas le sens commun, leur dis-je quand ils m'en parlèrent. Y pensez-vous ? Plus de magistrature, plus d'armée, des juges élus, l'impôt sur le revenu, la suppression du budget des cultes ; si jamais vous arrivez aux affaires, vous serez obligés à une palinodie immédiate, car vous n'y resteriez pas six mois si vous vouliez faire honneur à votre signature et à votre serment. »

Quinze ans se sont écoulés. M. Gambetta est arrivé aux affaires, il a biffé sa signature ; M. Ferry lui a succédé, il a biffé sa signature ; M. Brisson y est, il vient de biffer sa signature. Le radicalisme était bon contre l'Empire ; alors on voulait l'absolu, l'idéal, tout ou rien. Maintenant qu'il s'agit de la république, c'est différent. La politique n'est plus la science de l'absolu, de l'idéal, elle ne doit tendre qu'à l'*opportun*. A quoi il n'y aurait pas à contredire, s'ils ne réduisaient l'opportun à ce qui leur sert, à ce qui crée ou assure leur pouvoir. Je constate le fait non sans quelque satisfaction.

Seulement, il est ridicule de crier à la trahison ; dites, bon sens. Ils s'étaient lancés étourdiment, aveuglés par la passion, sans savoir où ils allaient ; l'expérience et l'intérêt les ont éclairés et ils se sont retournés.

En tout temps, il en a été de même. A Florence, la populace se soulève et brûle la moitié de la ville ; elle met à sa tête le plus ardent. A peine installé le démagogue se range et parle d'ordre. On le remplace par un plus violent ; au bout de quelques jours même métamorphose. Les Florentins en firent un proverbe : « Avoir une âme de place et une âme de palais. »

Mais ils s'étaient engagés envers leurs électeurs! on serait un opportuniste insuffisant, si l'on se tenait pour obligé par des promesses électorales. « Un enfant, disait M. Thiers, pleure, trépigne en criant à sa mère : donne-moi la lune. Certainement répond la mère. Le petit bon homme s'apaise et on ne lui donne pas la lune. L'électeur aussi est un enfant crédule ; il veut parfois la lune ; on la lui promet ; il vous nomme, et on ne lui donne pas la lune. »

Les promesses électorales, suivant les préceptes de la secte n'obligent pas plus que les serments et aucune parole politique ne doit être sacrée dès qu'on a intérêt à la violer. De quel droit leur reprochez-vous ce sans gêne moral, vous qui leur avez décerné l'apothéose parce qu'ils n'ont tenu aucun compte du serment de fidélité à l'Empereur? Il n'y a pas deux espèces de serment. Si celui prêté à Napoléon III ne valait rien ; celui prêté au peuple de Belleville ne vallait pas davantage.

Les trois fautes graves de l'opportunisme sont : la mauvaise gestion financière, la politique coloniale et la violation du Concordat.

Il n'y a guère de désaccôrd sur les chiffres par lesquels se manifeste notre situation financière, et il n'y a rien à reprendre à ceux que cite M. Jules Roche dans ses conférences. Son artifice est d'en détruire la perspective vraie et de grouper en un seul bloc ce qui s'est passé de 1870 à 1885. Ainsi que l'a démontré M. Germain dans une série de discours pressants et incisifs, il y a trois périodes tout à fait distinctes.

La première de 1870 à 1874 est celle de la liquidation. On liquide les charges de la guerre. On refait les forteresses et le matériel, on paie la rançon ; 700 millions d'impôt sont établis d'un coup ; notre budget se règle, en dépenses à 2,485 millions, en recettes à 2,500 millions. — La seconde période de 1874 à 1881 est celle de la prospérité. A aucun moment les finances n'avaient été meilleures ; les plus-values augmentaient sans cesse. C'est alors qu'on supprime 272 millions d'impôts, et qu'on rembourse à la Banque 1,500 millions.

Lors donc que les opportunistes ont pris le pouvoir, la situation était liquidée, excellente. Qu'en ont-ils fait? Nos dépenses sont aujourd'hui de 3,620 millions, nos recettes de 3 milliards ; déficit : 600 millions par an. Le premier acte de la nouvelle Chambre devra être de faire un emprunt considérable et de créer de nouveaux impôts. M. Jules Ferry l'a avoué dans la commission du budget. « Nous n'établissons pas d'impôts cette année, a-t-il dit, parce que nous sommes dans une année d'élections. » M. Jules Roche est un de ceux qui ont entendu le propos.

Vainement les opportunistes disent-ils pour atténuer leur responsabilité : Nous supportons les charges de la guerre. — Mais dès 1874, ces charges étaient liquidées et le déficit actuel de 600 millions est postérieur à cette liquidation.

Vainement invoquent-ils les suppressions d'impôts. Oui, on a supprimé 272 millions d'impôts, mais avant que vous fussiez aux affaires. Le déficit, voilà ce qui vous est propre.

Mais, disent-ils encore, nous avons construit des chemins de fer, des chemins vicinaux. — Nous ne nous en sommes guère aperçus dans notre golfe. Il y a quinze ans que la route de Fréjus à St-Tropez est décrétée ; elle n'est pas terminée. Nous avons demandé une simple déclaration d'utilité publique pour construire un chemin de fer, à nos frais, en nous imposant de lourds sacrifices ; elle ne nous a pas été encore accordée. Je ne suis pas d'avis qu'on ne doive construire que des chemins de fer productifs : aucune population ne doit être mise hors la loi économique, et les plus déshéritées ont droit de participer aux bienfaits des communications rapides. Toutefois, cette dépense ne doit pas plus que tout autre excéder les ressources dont on dispose ! Le propriétaire qui, sans compter, voudrait réaliser d'un seul coup, dans son domaine, toutes les améliorations désirables serait ruiné avant d'avoir fini.

Le déficit ne s'explique pas seulement par des dépenses utiles. On y retrouve les conséquences des idées fausses. En établissant la gratuité de l'instruction primaire, ils ont, comme nous l'avions prédit, imposé au pauvre le fardeau de l'éducation du riche. Avant la gratuité et l'obligation, 4 millions d'enfants fréquentaient l'école et cela coûtait 16 millions. Il y en a maintenant 4 millions six ou huit cent mille et cela exige 60 millions !

On y retrouve aussi les exigences du vaste système de faveurs, de places, de sinécures, de népotisme dont on a fait l'instrument de règne. Entre, les ministres et les députés un véritable pacte simoniaque s'est établi. Les députés ont dit aux ministres : « Nous vous donnons le gouvernement, en retour vous nous livrerez la France à dévorer, à nous et à nos créatures. » Et ils s'en acquittent en conscience. A propos d'une place à donner, invoque-t-on la capacité, les titres, l'ancienneté ; on vous regarde avec stupéfaction : Mais d'où sortez-vous? vous êtes un être anti-diluvien. Un député influent vous appuie-t-il? — Non. — Alors mon pauvre homme rentrez chez vous.

La politique coloniale ne me paraît pas plus heureuse que la politique financière. N'attendez pas de moi une nouvelle édition des exagérations courantes. Par habitude, dès qu'il y a un dissentiment entre un gouvernement et une opposition, je me range du côté du gouvernement. Je n'ai aucune raison d'admettre les reproches d'incapacité qu'on prodigue au ministère renversé et je ne suis nullement convaincu qu'à sa place, avec les exigences de la situation, un autre eût conduit mieux que lui les expéditions lointaines. Il est même une de ces expéditions lointaines, celle de Tunisie, à laquelle je donne hautement mon approbation. Nos rapports avec l'Italie étaient tels à Tunis que si nous n'avions pas mis résolument le pied sur le tison allumé, l'incendie eût bientôt éclaté. Quant au Tonkin, je ne le comprends pas. Sous l'Empire, lors de la déplorable expédition du Mexique, qu'on justifiait aussi par la perpective des mines d'or, chaque fois qu'on nous demandait des crédits pour secourir nos braves soldats, nos chers marins, je les votais, mais en même temps, je disais : « Finissez-en et revenez ! ». Si j'avais été à la Chambre, j'aurais voté aussi les crédits pour le Tonkin ; mais en disant encore : « Finissez-en et revenez !! »

On a beau se le cacher à soi-même et reculer à l'avouer, il faudra s'y résoudre comme pour le Mexique et revenir si on ne veut pas se décider à une expédition considérable pour achever la conquête.

Une politique coloniale se comprend chez un peuple surchargé de population et qui a le goût comme l'habitude de se répandre au dehors. Nous n'en sommes pas là. En Cochinchine, le nombre des maisons de commerce françaises est insignifiant; les autres sont Chinoises, Allemandes ou Anglaises. Dans les années 1881, 82, 83, il est sorti de France 12,637 français, il est rentré 154,000 étrangers. Faites donc de la politique coloniale dans de telles conditions !

Mais encore plus que le déficit financier, que la chimère coloniale, je blâme la conduite religieuse.

Qu'on supprime le budget des cultes, c'est un système; mais qu'on le maintienne pour mieux fustiger le prêtre, pour l'affamer, pour l'avilir, pour le contraindre, en retour d'un misérable morceau de pain qu'on lui jette, à se laisser dépouiller, vilipender, fouler, sans résistance et surtout sans clameur importune; qu'on attende pour lui porter le dernier coup, qu'exténué il n'ait même plus la force de se traîner à la première borne du chemin; qu'on fasse une servitude du pacte qui était une garantie et une protection, c'est lâche et bas. Il y a quelque courage à attaquer ouvertement le poignard à la main : il n'y en a aucun à empoisonner lentement.

Que vous ont donc fait ces pauvres prêtres, fils du peuple, sortis de la glèbe comme nous, pour que vous les poursuiviez d'un tel raffinement de haine? Vous ne croyez pas à ce qu'ils enseignent?

Qui vous contraint à le croire? Mais pourquoi empêcher les autres de le croire ? Savez-vous mieux que le prêtre inculquer aux rudes cervelles quelques notions de morale? Avez-vous trouvé quelque chose de mieux à dire au misérable qui expire sur son grabat, à la mère qui tient son enfant glacé dans ses bras, que ce que lui dit le prêtre en lui montrant, au-dessus du cercueil de la terre, la résurrection du Ciel?

Je n'ai pas connu de mauvais prêtre, a écrit Ernest Renan ; il y en a cependant, mais qu'ils sont peu nombreux ! La plupart n'ont fait de mal à personne et du bien à tous. Et ne dites pas qu'ils sont les ennemis de votre gouvernement. Il sont citoyens comme vous, et ils peuvent avoir comme vous leurs préférences et leurs passions. Il suffit que l'Eglise elle-même ne s'identifie à aucun gouvernement. Le fait-elle ? Bénissez le drapeau blanc, disait-on à Pie IX.— Non, répondit le noble pontife, l'Eglise n'a qu'un drapeau, la croix ! — Pour moi dans ce temps où le premier souci est de s'enrichir, je vénère ceux qui se vouent à la pauvreté évangélique ; dans ce monde où chacun ne pense qu'à soi, j'admire ceux qui ne pensent qu'aux autres, Ah ! lorsque dans un de nos sentiers de campagne, vous rencontrerez un de ces prêtres, la soutane rapée, un bâton à la main, sous le bras un bréviaire à la reliure usée, le visage humble mais franc, quelle que soit votre croyance, arrêtez-vous et saluez avec respect, car vous avez vu passer devant vous ce qu'il y a de plus auguste et de plus rare sur la terre : le sacrifice et le dévouement !

Ne soyons pas injustes envers les radicaux. Il y a dans leur programme une idée vraie et un sentiment noble.

L'idée vraie est que la constitution actuelle n'est pas conforme aux véritables principes républicains. M. Allain-Targé a dit du scrutin d'arrondissement que c'était un legs orléaniste Il eut pu le dire de la constitution entière : elle est une pierre d'attente pour la monarchie, et non la constitution d'une république. Il faut véritablement qu'il n'y ait plus un grain de bon sens dans les cervelles pour qu'on maintienne au premier article d'une constitution républicaine, le président irresponsable.

Que fait donc le président de la république se demande-t-on ? Pourquoi ne l'entend-t-on jamais? On assure qu'il blâme certains actes de ses ministres, pourquoi ne nous le dit-il pas? Comment voulez-vous qu'il le dise ! Il ne le peut pas, il est irresponsable !

Etre irresponsable cela signifie : être chef de l'Etat et ne rien faire, ne manifester sur rien d'autre opinion que celle de ses ministres, être un personnage muet, inerte et prompt aux actes les plus divers et les plus contradictoires, une griffe docile. L irresponsable pense non et dit oui, veut noir et fait blanc. Notre constitution ne donne qu'une liberté au président, celle de n'être pas de son avis.

Un roi même n'a jamais eu l'idée saugrenue de se proclamer irresponsable. Ce sont les peuples qui ont eu la malice de leur imposer cette humiliante annihilition, afin d'assurer la liberté. « Restez sur votre trône, ont-ils dit, paradez, amusez-vous et amusez-nous, désormais vous serez irresponsable, c'est-à-dire vous ne nous contrarierez pas dans la gestion de nos affaires ; moyennant quoi nous ne prendrons pas garde à vos fredaines personnelles. A côté de vous, nous constituerons un second roi, le véritable, celui-là responsable et actif, qui sous le nom de premier ministre sera le véritable directeur de l'Etat. Pour la forme vous le nommerez ; en réalité il sera désigné par les votes du parlement. »

L'irresponsabilité est une incohérence inévitable dès qu'un peuple veut se régir en liberté sous une monarchie. Sous une république c'est une incohérence funeste, car elle condamne sans nécessité à tous les inconvénients du régime parlementaire.

Le vœu qui revient le plus souvent dans les programmes opportunistes est celui de la stabilité ministérielle. Que faire, disent-ils, lorsque les ministres, les ambassadeurs changent à tout propos, quelle suite peut-on avoir dans la conduite des affaires! Sans doute; seulement c'est le régime parlementaire, conséquence de l'irresponsabilité présidentielle, qui est la véritable cause de cette instabilité! Revenez à la logique; rendez votre président responsable; obligez-le à choisir ses ministres hors du parlement; ne laissez pas le recrutement des fonctionnaires à l'arbitraire ministériel, et vous obtiendrez cette stabilité gouvernementale sans laquelle en effet les destinées d'un pays périclitent.

Les radicaux ont donc raison lorsqu'aulieu de la révision pour rire de l'an dernier, ils sollicitent une révision sérieuse et vraiment républicaine.

Le sentiment noble des radicaux est que le soulagement de la misère, l'amélioration du sort des pauvres doivent être la préoccupation principale de l'homme d'état. Comme Lazare, il crient à la porte du riche repu afin qu'il n'oublie pas, au milieu des jouissances, qu'au dehors on souffre, on a faim et froid. Je m'unis à leur clameur. *Misereor super turbam*. Mon cœur est plein d'une compassion infinie pour la foule malheureuse. Oui la misère imméritée, la misère que le vice ou la paresse n'explique pas, étreint encore un trop grand nombre de créatures humaines. Il est des infortunés qui sont obligés d'emprunter les langes où ils reçoivent leur nouveau-né, et qui n'ont pas de quoi payer le cercueil de leur père ; il est des femmes qui restent seules avec une famille qu'elles ne savent comment nourrir ; il est d'honnêtes travailleurs que la maladie, le chomage, réduisent à la famine ; la charité privée fait beaucoup ; elle opère sans compter cette religion de Vincent de Paul, que par cette seule raison vous devriez respecter ; mais quelque actif qu'il soit, l'effort individuel est impuissant à soulager tant de détresses ; il y a un devoir social de fraternité, d'assistance auquel on n'a pas encore assez accordé daus nos institutions. Il serait plus urgent de doter fastueusement le budget de la misère que celui de l'Instruction publique. Distribuer des vêtements et du pain, et du travail, et de l'aisance serait plus méritoire que de répandre des manuels civiques.

Malheureusement les moyens que le radicalisme propose pour réaliser son idée vraie et son sentiment noble sont enfantins ou anarchiques.

Le mal dont souffre actuellement la République est d'avoir trop emprunté aux chimères radicales. Il en sera fait d'elle lorsqu'elle les accueillera toutes ! L'impatience à peine dissimulée avec laquelle les ennemis de la république appellent ce jour devrait être un avertissement de ne point permettre qu'il se lève. Je sais tel conservateur qui, pour en finir plus tôt, au second tour de scrutin, votera pour la liste radicale.

Dans un éloquent discours de M. Jules Roche, je lisais, il y a un instant, un pressant appel à l'union des républicains. « Nos divisions, disait-il, ont tué la république de 92, celle de 48. Unissons-nous afin que la République actuelle ne soit pas assommée par un nouveau César. » L'orateur se trompe. Ni la république de 92, ni celle de 48 n'ont succombé par la division des républicains. Partout où il y a des hommes assemblés et délibérants, il y a eu et il y aura des divisions, et il n'est pas mauvais qu'il en soit ainsi. car il n'y a de vrai que ce qui résiste à la contradiction. Les deux républiques ont péri parce qu'au lieu d'être mesurées, raisonnables, progressives, libérales, elles se sont faites violentes, insensées, oppressives, radicales, telle enfin que l'on voudrait la troisième république, telle qu'elle est déjà beaucoup trop !

Aucun des articles du programme radical ne résiste à un examen sérieux.

Une chambre unique quoique M. Grévy l'ait recommandée, ce serait l'anarchie et l'instabilité en permanence, et il ne pourrait plus y avoir dans le gouvernement ni suite, ni prévoyance, ni responsabilité.

A quoi bon d'ailleurs une chambre, même unique, avec le mandat impératif? Il serait bien plus simple d'en venir au gouvernement direct du peuple. Un jeune intransigeant invoquait en faveur du mandat impératif les cahiers de 89. Il ignorait que le premier acte de l'assemblée constituante fut de déclarer sur la proposition de Talleyrand, que les cahiers ne lieraient pas les députés.

La suppression du budget des cultes, outre qu'elle constituerait un manque de foi scandaleux amènerait ou la persécution religieuse ou un accroissement inquiétant, parce qu'il serait sans contrôle, de la puissance théocratique.

Je conçois très-bien une constitution de la magistrature qui la soustrairait à l'arbitraire omnipotent d'un ministre, et dans laquelle une certaine élection toute corporative aurait sa large part; mais avec le juge temporaire élu par le suffrage universel, il n'y aurait plus de justice et les tribunaux deviendraient comme aux Etats-Unis des bazars où les arrêts se vendent à prix débattu.

L'impot sur le revenu, conçu comme superposition aux impôts actuels, serait une iniquité, puisque tous les revenus sont déjà frappés, le revenu de la terre par l'impôt foncier, le revenu industriel par l'impôt des patentes. La rente échappe seule. Le crédit public est trop intéressé à cette immunité pour qu'on achète par son affaiblissement la ressource relativement faible qu'on se procurerait ainsi. L'impot sur le revenu devient-il, au contraire, l'impot unique substitué à tous les impots, alors c'est l'arbitraire introduit dans la fiscalité. La détermination du revenu devient le moyen le plus efficace de la guerre politique. Ainsi qu'on le fit autrefois à Florence, pour ruiner son ennemi, on lui attribuera, comme revenu annuel une somme égale à son capital tout entier, et, sous cette forme, ressuscitera l'odieuse confiscation.

Je m'étendrais longuement sur ces systèmes dont les auteurs eux-mêmes n'ont pas aperçu les conséquences, si le temps qui s'écoule ne m'avertissait que j'ai à vous parler des conservateurs.

Leur système est fort simple. Ils commencent par critiquer les actes du gouvernement républicain, et, en celà, ils sont, en la majeure partie de leurs griefs d'accord avec les radicaux ; leur conclusion seule est inverse. Ceux-ci concluent à accentuer la république, eux croient qu'il n'y a qu'à la supprimer. Elle est la véritable cause de tous les maux, de son sein empoisonné ne peuvent sortir que des serpents venimeux. Par son essence elle est anti-religieuse, banqueroutière, et produit la misère publique. En présence d'elle il faut affirmer la monarchie, et non la monarchie libérale et anodine de 1830, des actes additionnels de l'Empire, la monarchie forte, *autoritaire,* au bras et au cœur de fer, qui frappera, transportera, fusillera, exilera sans miséricorde. La constitution de 1852 avait paru jusqu'à présent suffisamment despotique : elle ne l'est point assez, il faudra la renforcer.

Reste à désigner le roi. Ici le conservateur s'embarrasse — Prince Victor, disent les uns ; Comte de Paris, ripostent les autres. — Et le désaccord n'est pas seulement sur le nom. L'orléaniste, appliquant au Comte de Paris la théorie du Comte de Chambord, prétend que la royauté existe par droit d'hérédité, par elle-même, indépendamment de toute manifestation de la souveraineté nationale. Les Bonapartistes, qui ont déchiré les pébliscites impériaux et substitué le fils au père, ne pouvant plus invoquer l'hérédité, subordonnent le droit de leur candidat à l'investiture du suffrage universel. Pour se tirer d'embarras on a laissé le nom du roi en blanc, et inscrit sur les mêmes listes, en nombre à peu près égal, les orléanistes et les bonapartistes.

Tout est faux dans cette combinaison. Supposez la coalition victorieuse, que fera-t-elle de sa victoire ! Je n'ignore pas qu'un grand nombre de candidats inscrits sur les listes comme bonapartistes, et surtout comme impérialistes sont des orléanistes in petto. Cependant tous ne sont point ainsi, et il y a encore des sincères. Quand on demandera à ceux-là de proclamer le comte de Paris, ils s'y refuseront. Alors recommencera en sens inverse l'histoire de 1871. A cette époque, pour écarter l'Empire, le seul à redouter alors, les orléanistes donnèrent à la République la voix de majorité qui l'a instituée. En 1885, pour écarter l'orléanisme, la seule monarchie qui ait des chances aujourd'hui, les Bonapartistes à leur tour donneront leur voix à la République menacée.

Les conservateurs ont tort de compter sur le despotisme pour soutenir leur monarchie. Nous verrons peut-être surgir des dictatures passagères nées des périls d'un moment, mais un despotisme organique ne s'établira pas dans le siècle des chemins de fer, du suffrage universel et du journal à un sou. Pour ma part je lutterai sans relâche contre cette monstruosité. Le centenaire de 1789 approche ; je ne veux pas qu'il trouve la France sous le bâton d'un maître et les fers aux mains !

Il n'est pas vrai non plus que la République amène de toute nécessité l'irréligion, la banqueroute, la misère.

Quel chef de république a été aussi altier envers le Pape que Louis XIV? Le premier des Napoléon a emprisonné Pie VII, le troisième a détruit virtuellement le pouvoir temporel, et la suspension administrative des salaires du clergé a été inventée sous le roi Louis-Philippe.

Qui a fait un plus grand nombre de banqueroutes que la royauté de l'ancien régime? A la mort de Louis XIV il y en eut une de deux milliards, sous Law une autre d'une somme à peu près égale, une autre encore du tiers et de la moitié de toutes les rentes sous l'Abbé Terray, sans compter les réductions de détail, les retards indéfinis de paiement.

Sous quelle république y a-t-il eu autant de misère qu'à certains moments de l'ancienne royauté? L'impôt prenait au taillable 53 pour cent, cinq fois plus qu'aujourd'hui! « Le royaume, disait Saint Simon, tourne en un vaste hôpital de mourants à qui on prend tout, même en temps de paix. » A l'ouverture des Etats-généraux, le 4 mai 1789, Mgr Lafare disait à Louis XVI : « Sire, vous régnez sur un peuple martyr à qui la vie ne semble avoir été laissée que pour le faire souffrir plus longtemps! »

La république n'est en soi comme la monarchie ni un bien ni un mal, elle ne devient l'un ou l'autre que suivant la manière dont on la conduit. Aussi, quand les conservateurs sont venus me demander : Vous engagez-vous à travailler au renversement de la république et à l'établissement de la monarchie? évoquant à la fois mes souvenirs de jeunesse et la mémoire de mon père, j'ai répondu : « Non. — Et ne croyez pas, ai-je ajouté, que je repousse le roi parce que je préfère l'Empereur ; je ne désire ni roi ni empereur. La république est le gouvernement légal, je m'y tiens. Depuis quinze ans, les républicains me poursuisuivent d'outrages ; je n'attends rien d'eux et je ne leur demande rien ; et cependant, je ne veux pas travailler au renversement de la république ; je ne veux préparer contre elle ni la révolution de l'escamotage, le vote d'une Chambre sans mandat, ni la révolution du guet-à-pens, le coup d'état. »

Comment aurai-je pu tenir un autre langage ? Ne suis-je pas issu de la république, et n'est-ce pas comme républicain que j'ai traité avec l'Empereur Napoléon III ?

Républicains comme moi, Mazzini, Manin, Garibaldi avaient dit à Victor-Emmanuel : « Sire, prenez en main la cause de l'indépendance et nous ferons avec vous un pacte d'alliance. » Moi, j'ai dit à Napoléon III, à l'Empereur assis sur des millions de suffrages et maître d'un Empire tellement fort que même nos revers inouis ne l'auraient pas abattu si les bonapartistes ne l'avaient jeté à bas eux-mêmes : « Sire, prenez en main la cause de la liberté et du progrès social, et, moi républicain, je ferai avec vous un pacte d'alliance. » — Victor-Emmanuel n'a pas trompé la confiance que Manin, Mazzini, Garibaldi avaient placée en lui. Napoléon III n'a pas manqué à l'espérance qu'il m'avait donnée. On a parlé de Tibère à propos de lui. C'est à Marc-Aurèle qu'il serait juste de le comparer. Il avait autant de noblesse dans l'âme que d'élévation dans l'esprit, et c'était avec passion qu'il aimait le peuple et qu'il voulait le soulagement des misérables.

Au pouvoir, je n'ai désavoué aucun des principes qui m'y avaient porté. Homme de liberté, j'ai établi la liberté. Partisan de la souveraineté nationale, j'ai soumis au peuple ma révision constitutionnelle. Homme de paix, j'ai lutté jusqu'à la dernière extrémité contre la guerre ; on me huait, on m'appelait le ministère de la lâcheté et de la honte ; je n'ai cédé que sous le coup d'un outrage impossible à accepter sans déshonneur. Et même alors, je n'ai pas remué un canon, ni rappelé un soldat avant d'y avoir été autorisé par le vote libre des représentants de la nation devancé et acclamé par une opinion publique presque unanime (1).

Les revers sont arrivés. Tandis que les bonapar-

(1) On a parlé dans ces derniers temps d'une lettre de moi à M. de Bismarck, insignifiante d'ailleurs dit-on, mais dans laquelle j'aurais avoué que j'avais voulu la guerre. M. de Bismarck aurait répondu à une confidence aussi inattendue par une lettre outrageante dont on a reproduit les termes. Il n'y a qu'une difficulté à tout ce beau récit, c'est que n'ai jamais écrit à M. de Bismarck et que je n'en ai jamais reçu de lettre.

tistes me choisissaient pour bouc émissaire de leurs fautes, mes amis républicains me disaient : « Séparez-vous de l'Empereur, dites que vous avez été trompé, et nous vous rendrons la tribune et l'action politique. » Emile de Girardin, qui s'était montré favorable à la guerre aussi violemment que j'avais été dévoué à la paix, accepta le marché, et il est devenu député de Paris. Je le refusai.

Tant que l'Empereur et son fils ont vécu, je suis resté fidèle à mon pacte de liberté, comme Manin et Garibaldi étaient restés fidèles à leur pacte d'indépendance. Maintenant tout est fini. Dieu a repris le père et le fils ; ils reposent tous deux sur la terre étrangère ; je suis libre, mon pacte est consommé. Je ne sers les intérêts d'aucun prince, je n'appartiens à aucun parti, je ne m'appartiens qu'à moi-même, à la justice, à la vérité, à la liberté.

Si je sortais de ma solitude, ce ne serait pas pour conspirer contre la République, ce serait pour l'aider, l'améliorer, la préserver des insanités radicales. Qu'elle se suicide en restant sourde aux conseils de la sagesse et de l'expérience, si elle le veut, je ne serai point de ceux qui travaillent à creuser sa tombe.

Nous sommes sur un navire que secoue une mer déjà houleuse. Au loin apparaît le petit nuage qui va s'approcher, grossir et crever. Je dis au capitaine, le Peuple : « Je suis encore vigoureux, je ne te demande pas de me confier le gouvernail, je t'offre de travailler à la manœuvre. » S'il me répond non, je ne souhaiterai pas la perdition de l'équipage. Assis avec résignation dans un coin du navire ballotté, je lèverai ces bras qu'on aura condamnés à l'oisiveté, en haut, vers Celui qui calme les tempêtes dans le cœur des hommes aussi bien que sur la surface des mers, et je lui demanderai qu'il apaise les flots et qu'il donne à notre chère patrie des destinées prospères et glorieuses !

Ce discours souvent interrompu par les applaudissements et l'émotion de l'auditoire est couvert par de longues acclamations.

FIN.

Fréjus, Imprimerie V. Chailan, rue Nationale, 46.

www.ingramcontent.com/pod-product-compliance
Ingram Content Group UK Ltd.
Pitfield, Milton Keynes, MK11 3LW, UK
UKHW020526230726
13925UKWH00005B/2245

9 782014 058253